AF389780

Benoît de Saulce Latour

Décider :

du champ de bataille à l'entreprise, coopérer pour gagner

TeamDecide

Avant-propos

Aéroport de Kaboul. La rampe de chargement de l'avion est abaissée. Dans son prolongement, formant une haie silencieuse, un détachement d'honneur, des camarades de combat, des militaires de toute nationalité et de tout grade, venus rendre hommage à leurs frères d'armes. Des frères d'armes qui arrivent bientôt, au pas lent des porteurs de cercueil.

Silence, regards embués, sonnerie aux morts, silence, embarquement, rampe qui se relève et moteurs qui démarrent. L'avion se dirige vers la piste et chacun retourne à sa mission, le cœur lourd.

Ce cérémonial simple et poignant, hélas bien rodé, je l'ai vécu plusieurs fois au cours de mes six mois de mission à Kaboul. Je ne connaissais aucune des victimes, mais j'avais été acteur des événements ayant mené à leur mort ; responsable des opérations de l'OTAN pour la capitale afghane, c'était moi qui dirigeais l'élaboration des ordres qui les envoyaient dans les vallées où les attendaient l'embuscade ou le piège explosif.

Ainsi sont les décisions prises par les militaires en temps de guerre : au bout du processus, il y a potentiellement la mort. Tous le savent, ceux qui donnent les ordres et ceux qui les exécutent. Ceux qui reçoivent les ordres remplissent loyalement la mission, sans état d'âme ; ceux qui donnent les ordres les assument. Si les uns n'envisagent pas de désobéir et si les autres ont un sommeil paisible, ce n'est ni en raison d'une quelconque quête héroïque, ni d'une altération pathologique du bon sens. Solidarité, confiance, sens du devoir, esprit d'équipe, cohésion, sont les motifs les plus couramment avancés pour expliquer cet engagement sans lequel une force militaire se déliterait. Dans l'Armée française, il convient d'ajouter la maîtrise d'un processus de décision coopératif qui permet d'une part d'élaborer en temps utile des ordres opérationnels clairs et complets, et d'autre part de s'assurer avant leur exécution qu'ils ont été compris et que chacun connaît le rôle qui est le sien.

Les risques sont trop importants, l'environnement trop complexe, les facteurs influant sur les opérations trop nombreux, les adversaires trop malins et les acteurs trop nombreux pour qu'un ordre opérationnel efficace puisse être conçu par un homme seul (le chef), qui en confierait l'exécution à une masse docile (les exécutants). Contrairement à un préjugé trop répandu, le bon chef militaire n'est pas celui qui ordonne. Qu'il s'agisse de piloter l'analyse de la situation et l'élaboration de solutions par des équipes de spécialistes, de comparer les solutions entre elles, d'expliquer sa décision et de s'assurer que tous ceux qui vont la mettre en œuvre en ont saisi la lettre et l'esprit, le bon chef militaire anime, entraine et coordonne.

Si les armées ont développé ce processus de décision coopératif, c'est tout simplement par souci d'efficacité. Quand les ordres ont été bien préparés, qu'ils sont compris de tous, les chances de succès augmentent. Un robot n'a pas besoin de comprendre pour agir au mieux de ses capacités ; un soldat, si, et cette compréhension lui permet de s'adapter, de faire preuve d'initiative et de discernement.

Ce processus n'est pas réservé aux militaires ; il est aisément adaptable aux environnements civils, et en particulier aux entreprises. C'est l'objet de cet ouvrage.

Table

Introduction : management, décision, coopération

Manager, c'est décider

En entreprise, c'est un cadre ; dans l'Armée, un officier ou un sous-officier. Le civil parle de manager, le militaire de chef. L'un produit des décisions, l'autre des ordres. Bien que les deux univers, celui des opérations militaires et celui de l'entreprise, soient relativement éloignés, la distinction entre « chef » et « manager » nous semble suffisamment ténue pour nous autoriser à employer alternativement les deux termes.

De même que tous les officiers et sous-officiers ne sont pas des chefs, tous les cadres ne sont pas des managers. Cadre, c'est un statut, un niveau de rémunération, une exigence de disponibilité. On devient cadre par la signature d'un contrat de travail. Etre cadre, c'est donné.

Etre manager, c'est exercer au quotidien une fonction managériale : direction, animation, motivation d'une équipe plus ou moins nombreuse.

Beaucoup de cadres n'exercent aucune fonction d'encadrement, ou se contentent de transmettre sans filtre à leurs collaborateurs les directives venues « d'en-haut » et de faire remonter sans délai les problèmes rencontrés par « la base ». De même, nombreux sont les non-cadres à diriger une équipe, à la mobiliser, à piloter des projets, traduisant les directives « du haut » en consignes opérationnelles et proposant des solutions aux problèmes de « la base ». Etre manager, ce n'est pas donné à tout le monde.

Au cœur de la fonction de manager, il y a la décision. Etre capable de décider, avoir la liberté d'action pour le faire, assumer les décisions prises, voilà ce qui fait le manager. Tout le reste, ou presque, est littérature. Un individu pourra être gratifié d'un titre ronflant, « Directeur de… » ou « Chef du… », il aura beau suivre scrupuleusement les modes et tenter d'être, selon l'impératif du jour, « assertif », « inspirant » ou « coach », s'il ne décide pas il ne sera pas un manager.

Bien qu'essentielle à la fonction managériale, la décision apparaît fréquemment comme posant problème : incapacité à définir la priorité (quand tout est prioritaire, rien ne l'est vraiment), difficulté à décider, procrastination, décisions « surprenantes » relevant davantage du caprice que du processus, mise en œuvre chaotique, mauvaise gestion du temps (une longue phase d'inaction étant souvent suivie d'une phase de précipitation). Quand, à la fin d'une réunion infructueuse, on ne s'accorde que sur la date de la prochaine réunion, il y a un problème.

Le « modèle de la poubelle »[1] semble dominant. Là où un processus maîtrisé permettrait d'atteindre l'objectif stratégique de manière efficiente, dans la « poubelle » des solutions attendent qu'émergent des problèmes. Dans ce cas, le processus de décision n'est pas ordonné : c'est la rencontre fortuite des solutions, des problèmes, des participants et des opportunités de choix qui produit la décision. Il ne reste plus qu'à maquiller la solution retenue d'un peu de novlangue au goût boisé, à la présenter en utilisant toutes les subtilités de PowerPoint et à laisser penser que ce mécanisme a demandé beaucoup de temps, d'énergie et de créativité, afin de la faire passer pour neuve.

Au-delà de la définition qu'en donne l'Académie Française dans la 9e édition de son Dictionnaire (« Résoudre après examen une question douteuse ou contestée ; arrêter ce qu'on veut ou doit faire »), la décision managériale ne doit pas être considérée comme un acte isolé. La décision managériale est un processus qui permet de prendre, conserver ou reprendre **l'initiative**, dans le temps disponible. Ce processus est d'autant plus efficace qu'il est coopératif et structuré, qu'il intègre la mise en œuvre de la décision et l'analyse de son efficacité.

---

[1] Cohen M., March J., Olsen J. (1972), A Garbage Can Model of Organizational Choice, *Administrative Science Quarterly,* Vol 17 n° 1

Coopérer, pourquoi donc ?

Contrairement à une idée assez couramment répandue, les opérations militaires ne fonctionnent pas sur le mode « je décide, ils exécutent ». L'environnement est trop complexe pour qu'une personne seule puisse en analyser tous les enjeux, anticiper tous les risques, identifier toutes les contraintes ; les possibilités des forces susceptibles de s'opposer à la réussite de la mission sont trop nombreuses et incertaines ; les enjeux trop importants, la conséquence ultime d'une décision pouvant être la mort de ceux chargés de la mettre en œuvre.

Inadapté aux projets complexes et aux décisions lourdes, ce que chacun admettra sans obligatoirement en tirer les conséquences pratiques, un processus de décision solitaire est également inefficace au quotidien, ce que certains auront sans doute des difficultés à admettre. En effet, l'implication des collaborateurs est un gage d'**efficience**, de **confiance** et d'**engagement** ; la **coordination** est facilitée et la **qualité de vie au travail** améliorée

Efficience, car la diversité de vos collaborateurs est une richesse qui ne demande qu'à être employée. La palette de leurs compétences, de leurs savoir-faire, des expériences qu'ils ont vécues, de leurs points de vue, de leurs modes de raisonnement et de leurs cultures, élargit le spectre de l'analyse, encourage la créativité et aboutit à de meilleures solutions. Coopérer, c'est valoriser le capital humain.

Confiance, car en associant vos collaborateurs à l'élaboration de votre décision, vous leur signifiez que vous leur faites confiance. Or la confiance engendre la confiance : faites confiance à votre équipe, elle aura à cœur de la mériter; ne faites confiance à personne et vos collaborateurs deviendront rapidement des fardeaux.

Engagement. Quand une décision est le fruit d'un travail collectif, ceux qui y ont contribué se l'approprient plus aisément. Tout naturellement, ils s'engagent davantage dans la mise en œuvre d'un décision qui est un peu la leur.

Coordination. Chacun des acteurs du projet ayant une vue globale de l'enchainement des actions à mener et connaissant les grandes lignes de la contribution des autres, tous sont capables de se situer dans le collectif. La mise en œuvre est facilitée, la coordination se fait naturellement.

Enfin, la **qualité de vie au travail** (QVT) profite directement d'un environnement coopératif. En impliquant les collaborateurs, en donnant du sens à leur travail, en leur permettant d'être reconnus et écoutés, la coopération favorise l'épanouissement professionnel et agit directement sur les principales causes du mal-être au travail. Coopérer, c'est améliorer la QVT. En revanche, nous ne prétendons pas faire ainsi le bonheur des salariés, mirage hors d'atteinte, comme le démontrent brillamment Julia de Funès et Nicolas Bouzou[2].

---

[2] Nicolas Bouzou et Julia de Funès « La comédie (in)humaine », Ed. de l'Observatoire - 2018

1

Les satellites de la décision

Autour de la décision gravitent un certain nombre de notions et de pratiques qu'il convient d'évoquer brièvement. Ainsi est-il impossible d'éluder les notions d'initiative et de risque. De même, le chef qui pilote le processus de décision doit savoir gérer le temps et l'information, se placer par rapport à l'action, accorder son attention à bon escient et se positionner comme leader. Et le recours à certaines notions issues de l'environnement militaire facilite la détermination de l'objectif et du cadre de la décision.

a. L'initiative

Privilège de celui qui entreprend le premier, l'initiative est, dans un contexte concurrentiel, un avantage qu'il faut conquérir et conserver. Dans un face-à-face commercial comme dans un combat de boxe ou un match de rugby, il n'y a que deux positions : celui qui a l'initiative et celui qui réagit, celui qui attaque et celui qui défend. Réagir n'est pas décider ; c'est parer les coups, riposter ; celui qui réagit se voit imposer le rythme et le terrain de la confrontation par celui qui a l'initiative.

Un processus de décision structuré permet d'analyser la situation, d'anticiper les actions adverses, d'élaborer des modes d'action, de choisir le plus adapté et de s'assurer qu'il est bien compris de ceux qui le mettront en œuvre. Quand il est maîtrisé, le processus de décision permet d'accélérer le rythme, donc de produire des décisions plus rapidement que l'adversaire ou le concurrent.

La décision est donc l'expression d'une **volonté** : comment j'ai décidé d'agir, à quel moment et en quel lieu.

Pour insister sur le caractère déterminant de l'initiative, je citerai un des plus brillants penseurs militaires contemporains, le Général Michel Yakovleff : *« Pourquoi, à mes yeux, la notion d'initiative est-elle déterminante ? Parce qu'étant incluse dans la notion de victoire, elle est par définition l'objectif premier du chef militaire, et l'objet de toute réflexion tactique. Le chef combat pour gagner, ce qui revient à dire que le chef combat pour saisir l'initiative (s'il ne l'avait déjà), et pour l'exploiter (une fois qu'il en dispose) »[3]*. Ce qui précède est vrai, que l'on soit civil ou militaire.

---

[3] Général Michel Yakovleff : « Tactique Théorique », Ed. Economica - 2006

b. Le risque

Le risque n'est pas une contrainte que la décision a pour objet d'éviter ; il doit être considéré comme une opportunité, que le chef décide ou non de saisir.

Le risque n'est pas le hasard. Le hasard, heureux ou malheureux, échappe totalement à l'estimation et au calcul. Le risque, lui, est une probabilité qui peut faire l'objet au mieux d'une estimation, au moins d'une approximation.

En-dehors des deux extrémités du rapport de forces (le rapport de forces tellement favorable que le projet ne peut que réussir, sauf erreur grossière exploitée par l'adversaire, et le rapport de forces tellement défavorable que le projet est une mission suicide), toute décision comporte une prise de risque. Au-delà de son état d'esprit, audacieux ou timoré, c'est la situation initiale du manager qui lui dicte la part de risque à accepter. Qu'il se trouve en position de force, disposant d'avantages déterminants sur ses adversaires, il peut limiter sa prise de risque. A l'inverse, l'entreprise ou le manager qui aborde la confrontation avec un désavantage initial doit consentir une prise de risque supérieure. Le risque compense son infériorité.

A des degrés divers, le risque fait partie intégrante de la décision ; il n'est pas une contrainte qu'il faut réduire mais une obligation dont il convient de déterminer le niveau.

L'appréciation du risque est un exercice délicat, qui aboutit à des probabilités et non à des certitudes. Elle couvre un grand nombre de paramètres dont seuls quelques-uns sont quantifiables, les autres étant d'ordre temporel et psychologique. Elle peut résulter d'une réflexion collective et s'appuyer sur des matrices. C'est une technique qu'il est possible d'acquérir et de perfectionner.

L'acceptation du risque, en revanche, est une prérogative du chef ; c'est au moment de décider, donc de choisir le niveau de risque, que le chef connaît la fameuse solitude.

Le risque doit demeurer acceptable : « prendre un risque » n'est pas « jouer son va-tout ». En d'autres termes, le risque demeure acceptable tant qu'il est possible de réponse à la question « Que faire si ? ». Dans ce cas, l'occurrence du risque ne signifie pas la perte totale de toute initiative

c. Le temps

Le manager peut être confronté à de multiples adversaires, il n'a qu'**un seul ennemi : le temps**. C'est le temps disponible qui détermine le rythme de la réflexion et la profondeur de l'analyse. La perfection étant un objectif inatteignable, la bonne décision est celle qui associe la réflexion la plus efficace au strict respect des délais ; la décision tardive, aussi brillante soit-elle, n'est d'aucune utilité. En d'autres termes, décider c'est faire au mieux, avec les informations dont on dispose, dans le temps imparti.

Cette pression du temps exige, d'une part, d'anticiper les décisions à venir, et, d'autre part, de laisser aux différents acteurs le temps nécessaire pour mener leur réflexion. La règle du tiers, en vigueur dans l'armée de Terre française, mérite qu'on s'y intéresse. Elle édicte qu'à un niveau hiérarchique donné, on n'utilisera pas plus du tiers du temps disponible, le reliquat étant à la disposition des échelons subordonnés, qui devront à leur tour appliquer cette règle.

Ainsi, si le temps disponible est de 12 heures et que 3 niveaux hiérarchiques sont concernés, la répartition du temps sera, en arrondissant à la demi-heure :

- Niveau haut : 1/3 du temps, soit 4 heures
- Niveau intermédiaire : 1/3 du temps disponible (8h), soit 2h30
- Niveau bas : 1/3 du temps disponible (5h30), soit 2 heures

Ce qui laisse, à chaque niveau, le temps (de 8h à 3h30) de préparer la mise en œuvre de la décision.

d. L'information

L'information n'est pas un bien que l'on stocke en espérant en tirer un quelconque pouvoir ; c'est un **flux** qui doit irriguer les différents niveaux de responsabilité. Transmettre une information brute n'est pas un acte managérial : un perroquet ou un robot peu sophistiqué le feraient très bien. Le manager doit traiter l'information, la rendre pertinente pour son destinataire ; cela demande un travail d'analyse (distinguer les éléments d'information pertinents de ceux qui ne le sont pas) et de synthèse (organiser, mettre en perspective et présenter clairement l'information).

Ce partage ne soit pas effrayer. Comme l'expose parfaitement Idriss Aberkane[4], il s'agit d'un échange à somme positive : ce que je donne ne m'appauvrit pas. En partageant un bien matériel on le divise, en partageant un bien immatériel on le multiplie

e. L'attention du manager

Qu'il s'agisse de diffuser l'information ou de répondre à une question, le manager (ou le chef) doit donner la priorité à ses collaborateurs (ou subordonnés) sur son chef ou ses pairs.

D'abord parce que, pour ses collaborateurs, il est unique ; pour son N+1, il est un parmi d'autres. Le chef est celui vers lequel les regards se tournent quand survient un problème, il est essentiel qu'il soit alors disponible pour répondre aux interrogations et aux craintes de son équipe.

Ensuite parce que le temps disponible pour préparer, prendre et appliquer une décision est proportionnel au niveau hiérarchique ; le temps est une ressource rare et la base en possède moins que le sommet. L'urgence est donc davantage du côté des collaborateurs que du chef

---

[4] Idriss Aberkane « L'âge de la connaissance », Ed. Robert Laffont - 2018

f.   Le leadership

Le manager doit être un leader, cela ne se discute pas. Pour les inspirer, les entreprises n'hésitent pas à placer leurs managers sous le parrainage de Steve Jobs, Jack Welsh ou Nelson Mandela, et font appel à des êtres d'exception qui acceptent de partager leur expérience : vétérans des forces spéciales, entrepreneurs à succès, explorateurs, fondateurs d'ONG…

L'intention est louable mais les effets rarement conformes aux attendus. Au-delà de l'effet « whaouh » initial, peu d'enseignements sont effectivement transposés dans le quotidien de l'entreprise. Cette difficulté n'est pas surprenante. D'une part parce que, le leadership étant le plus souvent associé au fort charisme d'un individu, un grand nombre de managers considèrent, par réalisme ou modestie, qu'il n'est pas à leur portée. D'autre part parce qu'évoquer le leadership peut faire croire qu'il existe LA bonne recette du leadership, qu'il suffirait d'appliquer pour réussir.

Lier charisme et leadership n'est pas une erreur, les associer systématiquement, si. Il est vrai que le charisme est un accélérateur de leadership et que les grands bâtisseurs d'empires ou d'entreprises en sont généralement bien dotés. Mais, outre que les personnalités les plus charismatiques ne sont pas toujours les plus faciles à vivre au quotidien, il est faux de considérer que l'absence de charisme interdit a priori tout exercice du leadership. A coté du leadership « épique » des conquérants, c'est le leadership quotidien des managers qui fait avancer l'entreprise. Pour être plus modeste, ce leadership, davantage construit qu'inspiré, n'en est pas moins efficace. Reposant sur des fondations éprouvées (vision stratégique, exemplarité, disponibilité, responsabilité…), il permet d'entrainer les équipes en suscitant l'adhésion raisonnée au projet et non à la personne, laquelle est, selon moi, le risque principal du leadership fondé sur le charisme. Les collaborateurs d'une entreprise peuvent reconnaître le leadership de tel ou tel manager, ils adhèrent au projet d'entreprise ; les membres d'une secte adhèrent à la personne du gourou et abandonnent leur sens critique.

En pratique, parler DU leadership est une simplification dangereuse. La réalité est bien différente : être un leader, c'est entrainer derrière soi un collectif en agissant de manière adaptée à l'environnement, à l'équipe et à sa propre personnalité. Le leadership est pluriel.

Il existe de multiples façons d'exercer un leadership. Au sein des armées, c'est le style du combat et l'environnement dans lequel il se déroule qui fixent des exigences différentes. Le leadership des aviateurs diffère de celui des marins, l'armée de Terre et les forces spéciales appliquent des méthodes distinctes. Un leader politique et un charismatique dirigeant d'ONG ne sont pas interchangeables, non plus qu'un créateur de PME et le dirigeant d'un grand groupe issu de la fonction publique. Plutôt que de leadership, mieux vaut parler de **styles de leadership**.

g. L'état final recherché

Notion d'origine américaine (« desired end-state »), intégrée dans le processus de planification et d'élaboration des ordres de l'OTAN, puis des armées Françaises, **l'état final recherché** décrit, en une phrase simple, la situation résultant de l'application des décisions attendues. Il est exprimé clairement, brièvement, en des termes que chacun peut s'approprier et retenir ; il peut facilement être expliqué par n'importe lequel des collaborateurs chargés de le réaliser ; il est le cap fixé au processus de décision.

L'intérêt de l'état final recherché est double. D'une part, il oblige les dirigeants à exprimer en termes clairs leur vision de l'organisation ; vision qui sera ensuite partagée avec l'ensemble des parties prenantes (collaborateurs, actionnaires, partenaires, fournisseurs, clients…). Cet exercice nécessaire n'est pas facile (faire simple est souvent compliqué). D'autre part, l'état final recherché est le critère ultime d'évaluation de la pertinence des projets. L'utilisation de ce concept permet de distinguer les projets qui contribuent à son atteinte de ceux qui ont été lancés parce qu'il existait des ressources disponibles ou parce qu'une entité se sentant menacée avait besoin de lancer un « projet structurant », quand bien même ce projet ne contribuerait pas à la stratégie.

Avoir et conserver en tête l'état final recherché est un excellent moyen d'assurer la cohérence du processus de décision, jusqu'à la phase de mise en œuvre.

18

h. Zone d'intérêt et zone d'action

Application de la théorie des ensembles au management, les notions de **zone d'action** et de **zone d'intérêt** permettent de distinguer l'accessoire de l'essentiel.

La zone d'action du manager rassemble les acteurs qui le concernent directement et sur lesquels il peut agir ; elle est le domaine normal de son action. Elle comprend le N+1, les N-1, les clients et les fournisseurs, internes comme externes. Définir les limites de sa zone d'action est un exercice qui peut paraitre fastidieux ; il est cependant riche d'enseignements. Il permet en particulier de se situer au sein d'une organisation parfois complexe et, en précisant les acteurs, il aide à définir les contours de la zone d'action de chacun.

En fonction du contexte, la zone d'action évolue : ainsi, un manager associé à un projet particulier verra sa zone d'action s'élargir le temps du projet.

La zone d'intérêt est beaucoup plus large, souvent disjointe. Elle regroupe l'ensemble des acteurs qui influencent l'action du manager, qui sont des sources d'information ou qui appliquent au quotidien les directives qu'il édicte. Ainsi, la zone d'intérêt d'un directeur d'usine comprendra non seulement la totalité des services, support ou production, mais également les clients, élus, citoyens, médias locaux…

Le manager est impliqué dans ce qui se passe dans sa zone d'action et concerné par ce qui se passe dans sa zone d'intérêt. Pour illustrer la nuance entre « concerné » et « impliqué », pensez à des œufs au bacon : dans les œufs au bacon, la poule est concernée, le cochon, lui, est impliqué.

Un manager doit rester dans son domaine (zone d'action), sans empiéter sur les voisins ou les N-2, ni même sur le N+2. A chacun sa place et son rôle. Il ne s'agit pas de construire un carcan mais de s'assurer que l'on a couvert la totalité de sa zone d'action avant d'explorer d'autres horizons ; si je ne fais pas mon travail, personne ne le fera à ma place et le fonctionnement de l'entreprise ne sera pas optimal.

L'urgence peut exiger qu'une directive soit donnée aux N-2 ; dans ce cas exceptionnel (et qui ne saurait donc devenir la norme), le N-1 doit être sans délai informé de la mesure prise et des raisons qui ont conduit à ce court-circuit hiérarchique. A défaut d'explication, sa motivation s'érodera rapidement. Le risque du manager interventionniste "parce que le N-1 n'est pas efficace" est une prophétie auto-réalisatrice : à force de dépossessions, le N-1 démotivé deviendra effectivement inefficace, sa motivation envolée avec ses projets torpillés par son chef.

2

Quelques contresens à éviter

Un processus de décision coopératif met le manager en situation de relative insécurité ; il troque le confort d'un mode directif (« *faites ainsi et je ne veux voir qu'une tête* ») pour les aléas des réactions de ses collaborateurs, auxquels il demande, non d'exécuter sans broncher, mais de proposer et donner leur avis. Collaborateurs auxquels il donnera, en retour, des directives et des explications. Ce dialogue peut légitimement inquiéter, aussi n'est-il pas inutile de rappeler quelques fondamentaux.

a. La coopération n'efface pas la hiérarchie

N'en déplaise aux doux rêveurs et aux idéalistes de l'entreprise « libérée » de toute hiérarchie, processus coopératif ne signifie pas que la décision résulte d'un vote. Acte managérial essentiel et assumé comme tel, la décision est prise par le manager, qui doit ensuite l'assumer. Et le processus d'élaboration de la décision est d'autant plus efficace qu'il est piloté et encadré.

Les managers ne sont pas systématiquement des parasites et des tyrans ; ils sont aussi, ce que beaucoup oublient, des ressources et des référents. Garant du bon déroulement du processus de décision, le chef s'assure que tous les membres de son équipe y contribuent, que leurs compétences sont utilement exploitées, que les délais sont respectés. Il est **responsable** du résultat obtenu.

b. Solliciter l'avis de ses collaborateurs n'est pas un aveu de faiblesse

Au contraire, le manager qui agit ainsi envoie des signaux très positifs. D'abord, qu'il est suffisamment assuré dans son management pour se permettre de consulter. Ensuite, qu'il fait confiance à ses collaborateurs, qu'il estime capables de mener une réflexion utile. Enfin, que le projet sera l'œuvre d'une équipe et non la lubie d'un homme seul.

Le « caporalisme » des chefs qui décident seuls et exigent une exécution immédiate sans discussion ni explication révèle un cruel manque d'assurance, un mépris des collaborateurs et une incapacité à travailler en équipe. Il envoie un signal fort d'incompétence professionnelle.

c.   Expliquer n'est pas se justifier.

Expliquer signifie d'abord que la décision prise est explicable, ce qui exclut les caprices et les lubies. Expliquer, c'est exposer les raisons d'un choix, donc considérer que ses collaborateurs sont capables de le comprendre. L'explication est rationnelle, elle s'appuie sur des arguments. La justification n'explique pas, elle vise à exonérer le décideur de sa responsabilité dans la prise de décision, à rechercher l'approbation de ses collaborateurs : « *Je n'ai pas le choix* ».

La justification est en réalité un signal clair envoyé à son équipe : « *Je ne suis pas à ma place comme manager* ».

Expliquer est essentiel : cela valorise le collaborateur (je le crois capable de comprendre), c'est un signe de confiance (je lui livre des informations qu'il ignorait). Si l'explication est un succès, elle emporte l'adhésion et transforme un exécutant passif en collaborateur zélé, en situant la décision dans un contexte plus large qui est celui de la stratégie de l'entreprise elle permet une mise en œuvre plus fluide et oriente d'avance dans le bon sens les éventuelles initiatives.

Expliquer, c'est assumer ; se justifier, c'est refuser d'assumer.

d.   « Quoi ? » vaut mieux que « Comment ? »

Quand on assigne une mission à un collaborateur, il faut savoir résister à la tentation de lui dire comment faire. En effet, y céder enfermerait son action dans un carcan qui nuirait à son efficacité. Revenons à la présomption, déjà évoquée, de compétence : si j'ai choisi ce collaborateur, c'est que je le crois capable de mener à bien le projet ; en lui indiquant **l'effet à obtenir**, en lui décrivant aussi clairement que possible l'état final recherché et en fixant les grandes lignes (et seulement les grandes lignes) de son action. Je lui laisse le choix des moyens à mettre en œuvre. Son expérience, son expertise, sa créativité, peuvent s'exprimer à travers les solutions qu'il élabore et qu'il soumettra ensuite à mon arbitrage.

Un processus de suivi de projet, de pilotage, permettra d'orienter la démarche sans tuer la créativité de personnes qui se contenteraient de faire ce qui leur est demandé. Car ce qui est demandé à un salarié, ce n'est pas d'exécuter sans se poser de question mais de contribuer au développement de l'organisation au sein de laquelle il évolue.

Ce souci de **l'effet à obtenir** plutôt que des moyens à employer présente un autre avantage pour le dirigeant : il l'oblige à formuler clairement ses objectifs. Si le collaborateur ne comprend pas ce qu'on attend de lui, ce n'est (dans 99 % des cas) pas parce qu'il est abruti au point de ne rien comprendre, mais parce que le problème ne lui a

jamais été présenté et expliqué en des termes **clairs
pour lui**. Ce ne sont pas mes collaborateurs qui ne
comprennent rien, c'est moi qui explique mal.

e. Contradiction n'est pas rébellion

Dans le système de management le plus
couramment mis en œuvre en France, la
contradiction n'a pas sa place. La hiérarchie y est
considérée comme une science exacte, contredire
est un acte séditieux et accepter d'être contredit un
signe infâmant de faiblesse en même temps qu'un
certificat d'inaptitude managériale.

Il me semble pourtant que la formulation d'un avis
ou d'une opinion contraire puisse, sous réserve
qu'elle reste dans les limites d'un dialogue "civilisé"
et de la correction, donner naissance à un dialogue
fructueux et aboutir à une décision plus aboutie,
mieux acceptée, mieux comprise, ce qui n'est pas
négligeable.

Refuser, en bloc et par principe, la contradiction
est à la fois une preuve de faiblesse (« *Suis-je donc si
peu assuré de ma décision que je ne puisse l'imposer que par
la contrainte ?* »), une perte d'efficacité collective (on
applique sans sourciller mais aussi sans
enthousiasme des décisions que l'on estime ineptes
et on ne fera pas le moindre effort pour rattraper
les erreurs) et un facteur de démotivation des
équipes (je n'ai besoin ni d'adhérer ni de
comprendre pour faire ce qu'on m'ordonne).

Accepter la contradiction, c'est accepter le défi de la confrontation avec une opinion contraire, c'est être suffisamment assuré pour envisager d'emporter la joute, c'est pouvoir expliquer les tenants et aboutissants de la décision (expliquer n'est pas se justifier).

Cela n'est fructueux que lorsque sont respectées des règles simples et de bon sens : correction, tolérance, honnêteté, ouverture d'esprit, mesure, discernement...

Le contradicteur doit apporter la contradiction et le contredit la recevoir avec la même écoute ; la conviction d'avoir raison doit être tempérée par la certitude que l'autre n'a, au minimum, pas complètement tort, que ses arguments (qui ne sauraient être des procès d'intention ou des anathèmes) méritent d'être écoutés.

L'aspect asymétrique de la discussion entre le manager et le managé (qui est bien souvent lui-même un manageur) ne doit pas être occulté. In fine, c'est bien le manager qui aura le dernier mot ; la manière a donc autant d'importance que le résultat. En tout premier lieu, l'attitude du manager ne doit pas décourager la contradiction ; il doit écouter les arguments, les reformuler pour s'assurer qu'il les a bien compris ; proscrire tout jugement (« *C'est idiot !* » - « *Vous ne pouvez pas dire cela* ») et coller de son mieux aux faits ; expliquer comment il a produit sa décision (ce qui suppose un processus décisionnel un peu plus élaboré que le caprice ou l'acte instinctif) en mettant en lumière des facteurs qui sont peut-être ignorés du contradicteur.

Au contradicteur, il faudra un minimum de courage, du discernement, de la mesure et de la bienveillance.

f.   L'erreur n'est pas la faute.

La différence est subtile, mais bien réelle : une faute est un manquement à une règle, à une norme, alors qu'une erreur n'est rien d'autre qu'une méprise, une action inconsidérée, voire regrettable, un défaut de jugement ou d'appréciation. En matière managériale, on peut considérer que les fautes sont liées à la performance (on en est immédiatement conscient : lorsque l'on attire notre attention sur elles, on a la possibilité de faire soi-même la correction parce qu'on connaît les règles) tandis que les erreurs sont liées à la compétence (on les fait de façon inconsciente et involontaire, faute de connaissances suffisantes).

Si la faute mérite d'être sanctionnée, l'erreur doit être tolérée. « *Une personne qui n'a jamais commis d'erreur n'a jamais innové* » (Albert Einstein).

3

Préparer la décision

En amont de la décision, cette phase préparatoire a pour objectif de fournir les éléments permettant de prendre une décision éclairée. Elle démarre avec le lancement de la réflexion et comprend l'analyse de l'environnement et du contexte, l'étude des possibilités adverses et l'élaboration des modes d'action possibles.

Les travaux sont menés en mode coopératif, le pilotage étant assuré par le chef, qui ne participe pas directement aux différentes réflexions menées par ses collaborateurs. Il doit résister à la tentation de donner son avis éclairé ou de faire partager son incontestable expertise.

D'une part parce que sa participation aux travaux d'un groupe n'est pas sans effet. Aussi bienveillant que soit le chef, son avis pèse dans la discussion et sa simple présence bride l'expression de certains de ses collaborateurs, tandis que d'autres adopteront un ton revendicatif, chercheront à se faire « bien voir » ou tenteront de le mettre en difficulté. Les collaborateurs doivent pouvoir s'exprimer librement, leur créativité ne doit pas être étouffée par le poids de l'autorité.

D'autre part parce que le temps passé par un chef à faire ce que ses subordonnés sont capables de faire est du temps perdu. Le chef devrait se réserver pour ce qu'il est le seul à savoir faire. Il ne doit pas réfléchir à la place de ses collaborateurs, ni même « animer » leur réflexion ; sa contribution réside dans la **plus-value** qu'il apporte dans les phases de restitution.

Cela ne signifie pas que le chef, une fois lancé le processus coopératif, puisse aller jouer au golf en attendant la restitution des travaux. Il a un rôle à jouer, celui de « référent méthode », qui attribue les rôles, fixe le cadre des travaux à présenter, fait respecter les horaires, répond aux questions de forme et de fond. En parallèle, il réfléchit, à son niveau de responsabilité, aux problèmes posés. Ce point de vue différent lui sera très utile au moment où les collaborateurs présenteront le résultat de leurs travaux. Après avoir écouté, il demandera des précisions, corrigera le poids relatif de tel ou tel élément, validera les conclusions proposées, lèvera des doutes, garantira l'alignement des conclusions sur la stratégie de l'entreprise ; là réside la plus-value du chef.

a. Lancement de la réflexion collective

Le chef, pilote du processus de décision, s'adresse à tous les contributeurs et fixe le cadre des travaux à mener :

- Place du projet dans la stratégie générale
- Enjeux
- Etat final recherché
- Délais
- Composition des équipes

Cet exposé synthétique et bref (30 minutes au maximum) doit être particulièrement soigné. C'est en effet le moment où le manager s'impose comme l'initiateur de la coopération, l'organisateur de la réflexion collective et le référent méthodologique du processus. Il est suivi d'une phase de questions-réponses.

b. Analyse de l'environnement et du contexte

Conduite dans le temps et à partir des informations disponibles, l'analyse de l'environnement et du contexte a pour objectif de produire des conclusions opérationnelles, d'identifier les contraintes liées au projet, de définir des impératifs et d'identifier les risques. Elle porte sur un certain nombre de sujets, dont le nombre et l'intitulé varieront en fonction des caractéristiques de l'entreprise et de son projet : le marché et le secteur d'activité, la réglementation, les technologies disponibles et leur degré de maturité /

d'obsolescence, le degré de digitalisation, les ressources internes (capital humain, finances, expertise technique…) et externes (alliances, partenariats, convergence d'intérêts…) mobilisables, et bien sûr les clients.

A ces sujets, il faut ajouter le cadre espace-temps. Il est important de relier le temps et l'espace, cela permet de visualiser très rapidement l'ampleur et la difficulté du projet. Le temps nécessaire doit être justement quantifié, en n'oubliant pas, d'une part que tout projet connaît des aléas susceptibles d'entrainer des retards, et d'autre part que ceux chargés de mettre en œuvre la décision auront besoin d'un minimum de temps pour se l'approprier et en préparer la mise en œuvre (cf. supra).

L'analyse débouche sur des conclusions opérationnelles, qui sont présentées au décideur, précédées d'un bref rappel du contexte :

- Temps réellement disponible
- Situation de l'entreprise : en position de force / en position de challenger (ce qui, nous l'avons vu, influe directement sur le niveau de risque acceptable)
- Les faiblesses, qu'il faudra compenser
- Les points forts, qu'il faudra valoriser
- Les besoins déjà identifiés
- Les entités qu'il convient d'alerter immédiatement, leur contribution étant nécessaire au projet et leur mise en route exigeant des délais

- Les risques
- Les contraintes identifiées[5]
- Les impératifs proposés[6]

Contraintes et impératifs permettent d'apprécier la **marge d'initiative initiale**, qui se réduit quand leurs exigences augmentent. Cette marge d'initiative initiale, quand elle est faible, peut être étendue en recourant à l'innovation de rupture (technologie, commerce, data, organisation…).

c. Possibilités des adversaires et concurrents

Dans l'idéal, deux équipes distinctes étudient en parallèle les possibilités des adversaires ou concurrents (les militaires parlent de « modes d'action ennemis », ou ME) et celles de l'entreprise (« modes d'action amis », ou MA)

Dans le cas où l'effectif disponible ne permet pas de créer deux équipes, la même équipe peut

---

[5] **Une contrainte** est une obligation qui réduit la liberté d'action, un fait qui nécessite de prendre certaines mesures. Par exemple, pour mettre sur le marché un véhicule automobile, la contrainte de l'homologation impose de concevoir un véhicule satisfaisant aux critères d'homologation. La contrainte est imposée. Elle entrave la liberté d'action.

[6] **L'impératif** est une mesure à prendre, nécessaire à la réussite du projet. Ainsi en est-il de l'obtention de 5 étoiles au crash-test (on considère qu'un véhicule doit être sûr pour bien se vendre) ; le chef valide les impératifs qu'il se fixe à lui-même.

travailler successivement. Elle commence alors par les modes d'action ennemis, les modes d'action amis devant leur être opposables.

L'exercice est bien différent de l'analyse. Il s'agit de se mettre dans la peau de tous ceux qui peuvent menacer la réussite du projet et d'imaginer comment ils pourraient agir pour le contrer. Le périmètre des adversaires va au-delà de la concurrence ; par exemple, dans le cas d'un projet immobilier, il englobe les associations dont on sait ou suppose qu'elles s'opposeront au projet.

Le résultat de cette réflexion doit servir de base à l'élaboration des modes d'action AMI, il doit donc être opérationnel. L'objectif n'est pas de produire tous les modes d'action ENI possibles, dans leurs moindres détails et variantes, mais d'identifier les deux, voire trois, principales possibilités ENI. Ces modes d'action doivent être réalistes (cohérents avec ce que l'on connaît de la stratégie et des possibilités adverses), s'opposer au projet et différenciés (ils doivent présenter deux options, et non deux variantes d'une même option).

La présentation des ME est synthétique. Après avoir baptisé le ME, ce qui permettra de l'identifier à coup sûr dans les phases qui vont suivre, elle le décrit en termes clairs : Quoi ? Comment ? Quand ? Où ? Avec qui ? Dans un souci d'efficacité, il faut, dans la mesure du possible, identifier le ME le plus probable et le ME le plus dangereux.

d. Élaboration des modes d'action possibles

L'élaboration des modes d'action AMI ne doit pas être considérée comme une formalité. C'est une étape cruciale, qui est au cœur du processus de décision. Il peut être tentant de ne pas y consacrer le temps nécessaire, « *Parce qu'on l'a déjà fait* », « *Parce que les équipes ont l'habitude des projets de ce genre* », « *Parce qu'on est en position de force et qu'il faut aller vite* »… Autant de justifications pour ne pas consacrer au processus de décision le temps nécessaire.

Enoncés en termes clairs et de façon synthétique, les MA décrivent les actions que peut mener l'entreprise pour atteindre son objectif. Ils doivent répondre aux contraintes et respecter les impératifs. Comme les ME, ils doivent être différenciés, c'est-à-dire présenter des choix réellement différents, non les variantes d'un même plan. C'est la condition nécessaire pour permettre au chef de jouer son rôle : choisir, décider, trancher, arbitrer…

Les MA doivent être réalisables ; cela va sans dire, mais le rappeler n'est pas inutile. Ils doivent tenir compte des possibilités effectives de l'entreprise, telles qu'elles ont été analysées, et non être fondés sur l'envie ou l'ambition d'un dirigeant coupé du réel.

Deux, voire trois MA, suffisent. Il est rare que plus de trois façons de faire nettement différenciées permettent d'atteindre un même objectif ; si tel semble être le cas, il est vraisemblablement possible de regrouper deux MA en un seul.

4

Prendre la décision

Le travail fourni par les collaborateurs dans l'étape précédente et les échanges qui l'ont accompagné leur ont permis à la fois d'acquérir une expertise relative sur les thèmes étudiés, de s'approprier le projet, d'en avoir une vision « grand angle » où il apparaît dans son contexte et de se forger un avis. Avis qui peut, certes, être entaché d'erreur ou manquer de hauteur de vue ; avis qui peut, également, apporter un éclairage différent, plus proche des réalités du terrain et enrichi de la diversité de ceux qui composent l'équipe. Avoir mené un processus coopératif est de peu d'intérêt si, au moment de décider, on décide de revenir à un fonctionnement autoritaire, se privant ainsi des fruits mûris au cours de la phase d'analyse.

Les conclusions de l'analyse étant validées, les modes d'action « Ennemi » (ME) et « Ami » (MA) étant identifiés, il s'agit maintenant d'articuler ces éléments afin de permettre une prise de décision éclairée. Aussi la prise de décision du chef est elle précédée de la confrontation entre eux des ME et MA et de la discussion des résultats de cette confrontation.

a. Confrontation / Wargaming

La confrontation des MA et des ME, en anglais « wargaming », consiste à confronter chaque MA à chacun des ME et à évaluer leur performance respective en regard des « Avantages / Inconvénients / Risques ». Elle démarre par la présentation au chef des ME et MA proposés. Si le chef a bien joué son rôle d'animateur et de référent de la réflexion, ME et MA sont pour lui acceptables.

Ils sont rassemblés dans un tableau où les résultats de la confrontation sont présentés sous forme simple, de « ++ » à « - - » en passant par « + », « + -» et « - »

A chaque case, le groupe, sous la conduite du chef, tente de parvenir à un consensus, lequel est aisément atteignable quand MA et ME ont été élaborés avec soin. En cas de difficulté, le chef peut trancher en dernier recours.

	ME 1 «___»	ME 2 «___»	
MA 1 «____»	Avantages :	Avantages :	**Evaluation globale du MA 1**
	Inconvénients :	Inconvénients :	
	Risques :	Risques :	
	Bilan :	Bilan :	
MA 2 «___»	Avantages :	Avantages :	**Evaluation globale du MA 2**
	Inconvénients :	Inconvénients :	
	Risques :	Risques :	

b. Discussion

La confrontation MA / ME peut faire apparaître l'écrasante supériorité d'un MA ; elle peut également donner des résultats très proches, soit que les MA soient à égalité, soit que le MA gagnant ne le soit que d'une courte tête.

Dans le premier cas, il pourrait être tentant de gagner du temps en se passant de la discussion. Après tout, le choix est clair et s'impose naturellement, pourquoi en débattre alors qu'il suffit d'en prendre acte ? Ce serait casser la dynamique collective à l'œuvre et ignorer le besoin de l'être humain d'être écouté.[7] Aussi est-il utile de faire un tour de table, chacun étant invité à s'exprimer brièvement sur le résultat obtenu. Le chef peut, à tout moment, demander des précisions ou poser une question ; son choix, même s'il est fait, ne doit pas apparaître avant son tour de parole, tout à la fin du tour de table.

Au cas où n'émerge pas un MA dominant, la discussion prend une toute autre importance. Sous la férule bienveillante du chef, il s'agit de balayer à nouveau les avantages / inconvénients / risques de chaque MA, afin de s'assurer qu'ils ont été correctement évalués. L'engagement de certains en faveur d'une solution peut en effet les pousser à en sous-estimer les risques et à surestimer ses avantages, et inversement. N'ayant pas directement participé à l'élaboration des MA, le chef peut plus aisément prendre le recul nécessaire à leur juste évaluation.

c. Décision

Ayant sous les yeux le tableau de confrontation et à l'esprit la stratégie dans laquelle s'inscrira le choix qu'il doit faire, le chef, éclairé par la discussion qui vient d'avoir lieu, décide du mode d'action qui sera mis en œuvre. S'il est hors de question de faire émerger un MA totalement nouveau, il est

---

[7] Etre écouté, c'est avoir eu la possibilité de s'exprimer, de donner un avis, qui ne sera pas obligatoirement suivi. Etre entendu, c'est voir son avis pris en compte et intégré, au moins partiellement, dans la décision. L'être humain comprend aisément qu'il ne puisse être toujours entendu ; il accepte difficilement de ne pas être écouté.

parfaitement admissible que le chef choisisse un MA et décide de le modifier légèrement, afin de le rendre plus efficace. Ce que les militaires nomment « MA aménagé » prend souvent la forme d'une « greffe » d'un élément du MA écarté sur le MA retenu. En agissant ainsi, le chef ne remet pas en cause le travail de ses collaborateurs, il l'enrichit ; il apporte une plus-value à la réflexion collective.

C'est au moment de décider qu'il peut ressentir la fameuse « solitude du chef », tout simplement parce que ce qu'il fait là (décider), personne ne peut le faire à sa place. En décidant, le chef s'engage et s'expose ; cette prise de risque est un fondement essentiel de sa **légitimité**.

5

Préparer la mise en œuvre de la décision

La décision étant prise, il peut être tentant d'en lancer immédiatement la mise en œuvre. Considérer qu'en raison de la richesse des échanges qui ont précédé la décision, sa mise en œuvre va de soi serait pourtant une grave erreur. Dans la mise en œuvre encore plus qu'ailleurs, « le diable est dans les détails » ; aussi cette mise en œuvre doit-elle être préparée avec soin.

Cette phase comprend trois étapes : explication, contre-explication, répétition.

a. Explication / Briefing

Nous l'avons déjà vu : expliquer n'est pas se justifier. Le briefing au cours duquel le manager explique la décision prise à l'ensemble de ceux qui vont la mettre en œuvre est un moment important.

Tous n'ayant pas contribué à part égale à l'ensemble du processus, il est l'occasion de :

- Rappeler le contexte dans lequel a été initié le processus ;
- Situer la décision dans le cadre de la stratégie générale (en faisant référence à l'état final recherché) ;
- Présenter les raisons qui motivent la décision, en insistant sur les éléments qui ne figuraient pas dans le tableau de confrontation ;
- Fixer les grandes lignes de la contribution de chacun ;
- Préciser l'esprit dans lequel doit être mise en œuvre la décision.

Après ce briefing, les contributeurs au projet doivent disposer du temps nécessaire pour préparer l'étape suivante. En fonction du périmètre et de la complexité du projet, le délai varie, d'une heure à plusieurs jours.

b. Contre-explication / Backbrief

En donnant la parole à ceux qui vont appliquer la décision et mettre en œuvre le projet, la contre-explication, ou backbrief, garantit (quand elle est bien menée) une exécution souple, aisée et rapide.

Il s'agit pour chaque collaborateur de présenter sa vision de la mission ou du projet, déclinée à son niveau, et d'obtenir les réponses aux questions qu'il se pose et aux demandes qu'il formule. Le canevas est le suivant :

- Reformulation de la mission ou du projet, au niveau de l'intervenant, et description synthétique de la forme que prendra sa contribution ;
- Place dans le dispositif global (essentielle / importante, opérationnelle / support, ponctuelle / permanente…) ;
- Les principales tâches qui seront réalisées et leur échelonnement dans le temps ;
- Interactions avec les autres contributeurs et besoins de coordination ;
- Questions relatives au projet et au mode d'action retenu ;
- Expression des besoins particuliers :
  - Information
  - Moyens humains, financiers, matériels, logiciels…

Moment de dialogue et d'échange, le backbrief permet de lever les doutes, d'éclairer les zones d'ombre, de bâtir et faire partager une vision commune.

Au chef, il permet de s'assurer que tous ont compris la décision et de valider les orientations de sa mise en œuvre.

A chaque membre de l'équipe, il donne l'opportunité de connaître, dans les grandes lignes, comment les autres vont contribuer au projet commun. Ainsi se trouve contrée la tendance des organisations à fonctionner « en silo », le regard fixé sur un objectif métier et totalement aveugle à ce que font, autour, les autres métiers de l'entreprise. Cette connaissance mutuelle, aussi peu détaillée soit-elle, facilitera le partage d'informations entre les acteurs, qui sauront à qui transmettre une information qui ne le concernerait pas directement.

Pour être utile, cet exercice doit être mené en combinant bienveillance et rigueur. Bienveillance de chacun (et en particulier du chef) envers tous les autres, condition d'une expression libre et, par conséquent, d'échanges fructueux. Rigueur dans la conduite du backbrief, le chef devant à la fois s'assurer que tous s'expriment, que des réponses sont données et comprises, que le débat n'est pas cacophonie et que ce qui est dit vise bien à préparer la mise en œuvre de la décision et non à la remettre en cause.

c. Répétition / Rehearsal

La répétition, ou rehearsal, consiste à balayer, dans l'ordre chronologique, les différentes phases du projet, chaque contributeur énonçant ce qu'il allait faire, à partir du « top départ » donné par le chef.

Il ne s'agit pas de planifier les détails, ce qui relève de la gestion de projet, mais d'articuler entre elles toutes les contributions au projet et d'en créer un aperçu qui permette à chacun de mettre son action en perspective et de se situer par rapport à tous les autres.

Le support de cet exercice est une matrice de coordination, sur laquelle chaque fonction contributrice situe les principales tâches qu'elle aura à réaliser par rapport au déroulement du projet (du lancement à l'achèvement), mais également par rapport aux tâches des autres contributeurs.

Cette matrice peut être réalisée sous forme numérique (utilisation d'un tableau blanc interactif ou d'un tableur) ou analogique (paper-board et Post-it).

Fonctions	Projet Lancement---------------------Aboutissement		
Production	Tâche 1	Tâche 3	Tâche 4
		Tâche 2	
Marketing	Tâche 10		Tâche 12
		Tâche 11	
Finances	Tâche 20		Tâche 21
RH – Formation	Tâche 30		Tâche 32
		Tâche 31	
Communi-cation		Tâche 40	
			Tâche 41

Ainsi apparaissent les besoins de coordination entre métiers et les moments de vigilance du chef (en particulier quand la réalisation d'une tâche est nécessaire au démarrage d'une autre).

Cet exercice est un gage de compréhension, de coopération, de coordination et d'efficacité

Compréhension : Votre équipe connaît l'objectif à atteindre et le contexte de l'action. Vous avez répondu à leurs questions et chacun sait le rôle qu'il a à jouer.

Coopération : Chacun, connaissant dans les grandes lignes ce que les autres doivent faire, sera plus attentif aux informations qui ne le concernent pas directement mais peuvent avoir un intérêt pour un autre membre de l'équipe.

Coordination : Ayant une vision globale de l'enchainement des actions à mener, les membres de votre équipe se coordonneront spontanément.

Efficacité : Partageant une vision claire des enjeux et de la façon dont chacun contribue à l'atteinte de l'objectif, votre équipe est plus impliquée, plus réactive et bien plus aisée à mener

CONCLUSION

La démarche coopérative ci-dessus décrite ne doit pas être un alibi pour obtenir l'adhésion des collaborateurs à une décision déjà arrêtée. Elle doit être conduite avec un minimum de conviction, non parce « qu'il faut le faire », mais parce qu'elle est la garantie d'une décision plus efficace.

Au-delà des méthodes et des outils, il s'agit pour un chef de se tourner vers son équipe et de leur demander « *Qu'en pensez vous ?* ». Outre son effet positif sur l'implication des collaborateurs, cette démarche coopérative renforce la position du manager comme décideur, lui libère du temps et permet d'aboutir à des décisions plus riches, plus facilement mises en œuvre et qui suscitent l'adhésion.

Moins riche en testostérone qu'une partie de paint-ball, moins ludique qu'un escape game, moins dépaysante qu'une randonnée en montagne, la coopération est pourtant le team building le plus efficace et le plus durable, car en prise directe avec le travail.

Faire ce choix de l'esprit d'équipe donne du sens au travail et contribue à la fidélisation des talents ; il permet d'exploiter la créativité et la diversité des aptitudes, compétences et appétences d'un capital humain trop souvent gaspillé ; il forge la cohésion d'un collectif de travail qui réagira mieux et plus vite aux aléas qui ne manqueront pas de survenir.

Il est d'autant plus facile et fructueux que l'environnement managérial est favorable. Car, de même qu'on balaie correctement un escalier en partant du haut, c'est du sommet de l'entreprise que doit venir cette dynamique, faite de confiance, d'autonomie, de courage et d'exemplarité.

Trop de managers considèrent que la **confiance** se mérite avant de se donner ; comme si faire confiance était une prise de risque inacceptable. Ils ont tort, car la confiance est un pari gagnant. Extrêmement rares sont les êtres humains qui, après qu'on leur eut annoncé qu'on leur faisait confiance, choisissent d'abuser de la faiblesse d'un manager si crédule. Au contraire, ils vont avoir à cœur de démontrer que cette confiance est méritée. La confiance donnée, c'est le carburant de l'engagement des collaborateurs

La confiance est également une prophétie auto-réalisatrice. Refuser de faire confiance à des collaborateurs qui n'ont pas encore démontré qu'ils la méritaient, c'est l'assurance d'avoir, très rapidement, une équipe peu motivée, peu investie et, effectivement, peu digne de confiance. Au contraire, faire confiance engage, au prix d'une prise de risque minime, un cercle vertueux ; faites confiance et vous constaterez que votre équipe est, effectivement, digne de confiance.

L'autonomie, qui pourrait paraître secondaire dans un contexte d'engagement collectif, est pourtant essentielle. On ne peut construire une équipe efficace avec des individus réduits à un rôle d'exécutants, interdits d'initiative et ignorants de la stratégie de l'entreprise. Fixer l'objectif en laissant le choix des moyens, expliquer la stratégie, encourager la prise d'initiative ne vont pas à l'encontre de l'efficacité collective mais, au contraire, la renforcent.

Le courage est défini par Aristote[8] comme le *« juste milieu entre témérité et lâcheté »* et la première des qualités humaines car elle garantit toutes les autres. Le courage du manager est plus modeste qu'épique. Sans exclure l'acte courageux qui intervient en cas de crise, il est surtout la combinaison d'attitudes et de gestes quotidiens : assumer ses actes et ses décisions, dire la vérité, savoir défendre son équipe quand

---

[8] *Ethique à Nicomaque,* livre trois, chapitres 10 à 12.

elle le mérite, savoir défendre devant son équipe la stratégie de l'entreprise…

Exemplarité, enfin et avant toute chose. Faire ce que l'on dit, appliquer les règles que l'on fixe, montrer le chemin par son attitude quotidienne, garder à l'esprit la belle maxime de Jean Guitton « *Toute autorité est un service* » : ainsi se forge la cohérence de la pensée, de la posture et de l'action qui est la colonne vertébrale d'un commandement / management clair, lisible, motivant.

Associer son équipe au processus de décision est une indéniable preuve de respect. Pour ceux qui mettent sincèrement l'humain au cœur de leur métier, quel que soit ce métier, c'est sans doute bien plus que du respect : ce mélange d'intérêt, de disponibilité, de compréhension et de générosité qu'il ne faut pas craindre de nommer pour ce qu'il est, de **l'amour**.